子ども体幹トレーニング

監修：澤木一貴
（SAWAKI GYM）

③
スポーツで
キラッ！

ビョーン

すずき出版

はじめに

　スポーツ選手のすばやい動きや、キレのある動きはかっこいいよね。「自分もやってみよう！」と思って、まねをして動いてみたけど、同じようにできなかったという経験をした人もいるんじゃないかな？

　スポーツ選手のようにすばやい動きや、キレのある動きをするには、「体幹」の筋肉が大切なんだ。体幹とは、手足や頭、首をのぞいた胴の部分に、肩の関節や股関節をくわえた部分のこと。ブレない体をつくったり、スポーツなどで動き出したりするときに、体幹の筋肉は大切だよ。

　このシリーズでは、あらゆる動作の基本となる体幹の筋肉をきたえる体幹トレーニングのやり方を解説しているんだ。1巻「背すじがシュッ！」では、正しい姿勢をたもつのに役立つ体幹トレーニングを紹介するよ。2巻「ブレずにピタッ！」では、いろいろな動作をしているときに必要なバランス能力を高めるのに役立つ体幹トレーニングを紹介。3巻「スポーツでキラッ！」では、さまざまなスポーツの動作に役立つ体幹トレーニングを紹介するよ。

　スポーツがあまり得意ではない人も、もっとうまくなりたい人も、楽しくできるトレーニングだよ。この本を通して、みんなが体を動かす楽しさを体験してくれたらうれしいな。

澤木一貴
(SAWAKI GYM)

もくじ

この本の使い方

本書で紹介しているトレーニング名の一部は、みんなが
やってみたくなるように、編集部でアレンジしました。

QRコード

トレーニング名の
左上についている
QRコードから、
体幹トレーニング
の動画を見ること
ができます。

ポイント

体幹トレーニング
をするうえで気を
つける点や、意識
して行ってほしい
点を解説します。

効果のあるところ

体のどの部分に効果があ
るのかをイラストで紹介
します。

敵とバトル！

体幹トレーニングをして、
体幹を弱らせる敵をやっつ
けていくことで、ゲーム感
覚で楽しくトレーニングを
進めることができます。

この本をよく読んで、動画で動きを確認しながら安全にトレーニングを行おう！
できるだけ、おとなの人に見ていてもらおう！

体幹トレーニングで アジリティをアップ！

※アジリティ：敏捷性（すばやさ）のこと。

▶ ダイナミックストレッチ

ダイナミックストレッチは、体を軽く動かしながら筋肉をのばす運動だよ。スムーズに動ける体をつくり、ケガをふせぐ効果があるんだ。体幹トレーニングをする前にしっかりとやろう！

▶ ハンドロール（左右各5回）

1 胸の前で右手の親指が上にくるように手を組み、手首を左まわりに5回、右まわりに5回まわす

まわしおわったら左手の親指が上にくるように手を組み、同じ動きをしよう！

▶ アンクルロール（左右内まわし外まわし各5回）

1 右足を上げて、足首を内側に5回、外側に5回まわす

ポイント
つま先で円をかくようにイメージしよう

まず内まわし！

つぎは外まわし！

▶ ショルダーロール（前まわし後ろまわし各5回）

ストレッチ中は、呼吸を止めずにやってね！

1 両手を肩の上におき、胸を開く

2 両手を肩の上においたまま、ひじを大きく前に5回、後ろに5回まわす

う～ん、とりつきにくい

ポイント
ひじで大きく円をかくように動かそう！

▶ ヒップジョイントロール（左右内まわし外まわし各5回）

1 右足を上げて、内側に5回、外側に5回まわす

内まわしからスタート

つぎは外まわし！

ポイント
股関節をしっかりほぐそう！

ポイント
ひざとつま先はできるだけ横にむけよう！

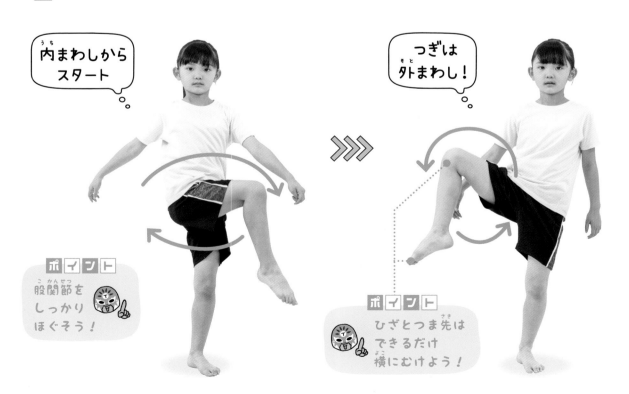

▶ ショルダーツイスト（左右交互に5回ずつ）

1 足を大きく開いてから、腰をおとし、両手をひざの上におく

ポイント
背中を丸めない！
足は肩はばの
2倍ぐらいに開こう

1、2。

ひねり！

2 両腕をのばしたまま、「1、2」のリズムで右肩を内側に入れて、体をひねる

ムムッ！
なかなかやるな！

ポイント
肩をしっかり入れて、
体をひねろう！

ビョーーン

ポイント
顔は前に
むけておこう！

1、2。

ひねり！

3 「1、2」のリズムで左肩を内側に入れて、体をひねる。おわったら**2**〜**3**をあと4回くり返す

身につけよう!

パワーポジション

パワーポジションは、「立つ」「すわる」「ジャンプする」などの動きをする前の、腰をおとして準備しているときの体勢だよ! さまざまな動きにおいて、パワーポジションは基本の体勢になるんだ。この本にも、パワーポジションをとる体幹トレーニングがたくさんあるので、身につけておこう!

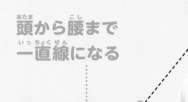

ななめから

頭から腰まで
一直線になる

パワーポジションの
体勢をとれないと、
動き出すときに全身に
うまく力が伝わらないぞ!

股関節、ひざ、
足首をまげて
軽く腰をおとす

ひざとつま先が
同じ方向をむく

土ふまず(足のうらの内側・真ん中
あたり)に体重をのせる

正面から

手は胸の前で
あわせる

パワーポジションの
体勢をとってみよう!
どこかいたいところや、
つらいところがあって、
長くたもてなかったら、
ストレッチ(→6〜8ページ、
36〜37ページ)を
しっかりしてね!

足は肩はば
ぐらいに開く

きみの今の体幹をチェック！ 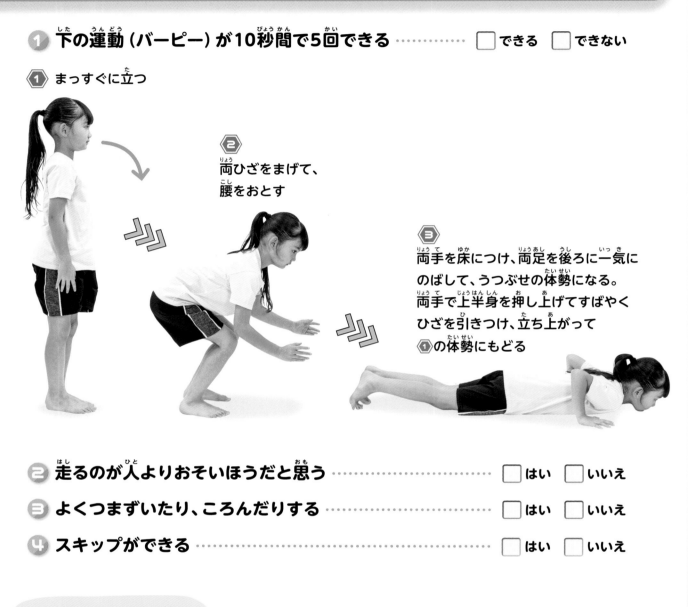 アジリティ編

すばやく反応する能力がどれぐらい自分にあるのかを、下のチェックシートを使って調べてみよう。あてはまる□に○をつけてね。

※このページをコピーして使おう！

❶ 下の運動（バーピー）が10秒間で5回できる ………… □ できる □ できない

① まっすぐに立つ

② 両ひざをまげて、腰をおとす

③ 両手を床につけ、両足を後ろに一気にのばして、うつぶせの体勢になる。両手で上半身を押し上げてすばやくひざを引きつけ、立ち上がって①の体勢にもどる

❷ 走るのが人よりおそいほうだと思う ………………… □ はい □ いいえ

❸ よくつまずいたり、ころんだりする ………………… □ はい □ いいえ

❹ スキップができる ………………………………… □ はい □ いいえ

つぎの□に○をつけた人は、**2点ずつ**入るよ！
❶できる ❷いいえ
❸いいえ ❹はい
ほかは**0点**。
きみは合計何点かな？

8点 ▶▶▶ 体幹マスター
きみの体幹はだいぶきたえられているね。これからもこの本の体幹トレーニングをつづけて、さらにアジリティを高めよう！

6〜4点 ▶▶▶ 体幹チャレンジャー
きみは体幹をもう少しきたえよう！ いつでもすばやく動けるように、この本の体幹トレーニングをどんどんやってみよう！

2〜0点 ▶▶▶ 体幹見習い
きみは体幹が弱いようだ。この本の体幹トレーニングをしっかりやって、アジリティを高めよう！

1章 ソロ体幹トレ

ここでは、スポーツをするときに役に立つアジリティを高めるための体幹トレーニングのうち、いつでもどこでも、ひとりでできるトレーニングを8個紹介するよ。

▶ スモウスクワット

足の後ろ側には、すばやく動くために必要な筋肉がある。とくに、ハムストリングス（太もものうら側にある筋肉群）はアジリティアップには欠かせない。しっかりときたえよう。

▶ 効果のあるところ

股関節
ハムストリングス
ふくらはぎ

▶ 回数：10回

❶ 足を肩はばより広く開いてしゃがむ。両ひざの内側から、つま先を両手でもつ

正面から

横から

トレーニング中は、呼吸を止めずにやってね！

ポイント
両腕をしっかりとのばそう

ポイント
背中が丸まらないようにしよう

❷ おしりを上げて、ひざをのばす。あと9回❶〜❷をくり返す

つま先をもったままひざがのばせない人は、少しずつのばしていこう

ポイント
両手をつま先からはなさないでね！

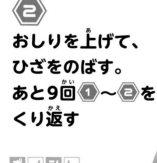

スモウスクワット！でモタモタンの手下Aをやっつけた。

1TPをゲット！

ソロ体幹トレ②

▶ スプリントマーチ

太ももを胸に引きよせることで、体幹をきたえるトレーニングだ。体をまっすぐにたもったまま動くので、お腹や太ももだけでなく、背中もきたえることができるんだぞ。

▶ 効果のあるところ

肩　背中　お腹　太もも

▶ 回数：左右交互に 10回ずつ

1 腕立てふせの体勢になる

とばされる～

ポイント
背中からかかとまで一直線になるように！

2 左足の太ももを胸に引きよせる

ポイント
いきおいよく引きよせよう。つま先をのばすと、床に引っかからずにできるよ！

3 左足をもどすと同時に、右足の太ももを同じように引きよせる。あと9回 2 ～ 3 をくり返す

なれてきたら何回つづけられるか挑戦してみよう！

ポイント
引きよせたときに、おしりがペコペコうかないように意識しよう！

スプリントマーチ！でモタモタンの手下Bをやっつけた。

1TPをゲット！

13

スーパースケーター ムーブ

お腹
内もも
おしり

内ももをきたえるためのトレーニングだ。スピードスケートの選手になったつもりで、前傾姿勢で左右に体重を移動させてみよう。

▶回数：左右交互に**5回**ずつ

1 足を肩はばより広く開いて立ち、左ひざをまげて前傾姿勢になる。左足に体重をのせる

正面から

ピタッ！

ポイント
スピードスケートの選手のように、体重をのせている足と反対側の腕を前に出そう！

ポイント
顔は正面をむこう

ななめから

ポイント
背中が丸まらないように気をつけよう！

ポイント
ひざは直角になるぐらいまげるよ！

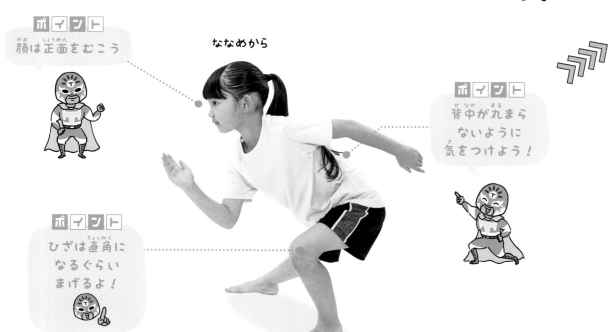

② 右足に体重を移動する

ポイント
できるだけ、頭の高さを
かえないで動いてね

途中の姿勢

ピタッ！

ポイント
かかとは
床につけた
ままにするよ

③

左足に体重を移動する。
おわったら②〜③の動きを
あと4回くり返す

ピタッ！

足でしっかりと床を
ふみしめることを
意識しながら動こう！

う〜ん、
すばやくて
かなわん！

スーパースケートムーブ！で
モタモタンの手下Cをやっつけた。

1TPをゲット！

15

ワールドグレイテストストレッチ

世界でもっとも偉大といわれているストレッチだ。全身いろいろなところをのばすぞ。股関節の可動域(動かせるはんい)も広げるトレーニングだ。

効果のあるところ

股関節　わき腹　太もも　ハムストリングス　背中　おしり　ふくらはぎ

▶ 回数：左右各1回

---

① まっすぐ立つ

きつい体勢が多いが、呼吸は止めないぞ!

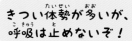

ポイント
首から背中、太もも、かかとが一直線になるよう意識しよう!

② 左足を大きく後ろに引きながら右ひざを直角にまげ、左手を床につき、右手を左肩におく

ポイント
股関節の可動域が広がるように、しっかりと足を開こう!

ポイント
胸をしっかりと開いて、胸椎(背骨の上のほう)の可動域を広げよう!

③ 右に体をひねりながら、右手を天井にむけてのばし、おへそを横にむける。その体勢を10秒間たもつ

ポイント
右手を高く上げることによって、わき腹の筋肉ものばすよ!

4 右手を下ろし床につける。
おしりを後ろに引き上げながら
右ひざをのばし、その体勢を
5秒間たもつ

 ポイント
右足のつま先は
上げるよ！

 ポイント
左足のかかとは
床につけておこう

 ポイント
両ひざをのばして、
ハムストリングスと
ふくらはぎの筋肉を
しっかりのばそう！

 5 上半身をおこしながら右ひざをまげ、
両手を右ひざにおいて、その体勢を
5秒間たもつ

 ポイント
胸をはって
背すじをピンと
のばそう！

 ポイント
右ひざの角度は
直角だよ！

 **ポイント**
股関節の可動域が広がるように、
しっかりと足を開き、両足の
つけ根の筋肉ものばすよ！

6 左足を右足にそろえて、
1 の体勢にもどる。
おわったら反対側の
足と手で **2** 〜 **6** を行う

 ワールドグレイテストストレッチ！で
モタモタンの手下Dを
やっつけた。

1TPをゲット！

モタモタ団があらわれた！

モタモタ団!?

おちついて！
トレーニングを
つづけよう！

▶ バーピージャンプ

すばやくふせてからジャンプをくり返すトレーニングは、太ももやおしりの筋肉がきたえられて、アジリティが高まるぞ！ また、両手で上半身を押し上げるときに胸の筋肉がきたえられるんだ。

▶ 効果のあるところ

肩　胸　お腹　太もも　おしり

▶ 回数：10回

① まっすぐに立った体勢から両ひざをまげて、腰をおとす

ポイント
両手は近くの床につけ、両足はジャンプするように、一気に後ろに引くよ！

ビョーーン

サッ

② 両手を床につけ、両足を後ろに一気にのばして、うつぶせの体勢になる

ポイント
胸を床にしっかりつけてね！

ぐ〜
力がぬける〜

18

なれてきたら、
ジャンプのしかたを
アレンジしても楽しいぞ！
いろいろとやってみてね！

開いた両足の
つま先を両手で
タッチする

パチン

両手と両足を開く

3 両手で上半身を押し上げて
すばやく両ひざを引きつけ、
立ち上がると同時にジャンプして、
真上で手をたたく。
両手を下ろしながら着地する

ピョン

4 すばやく両ひざを
まげて腰をおとし、
1 の体勢になる

サッ

おわったら、**2**〜**4** の
動きをあと9回くり返そう

バーピージャンプ！で
モタモタ団員1を
やっつけた。

2TPをゲット！

19

ソロ体幹トレ6

ペットボトル ホッピングタッチ

左右に移動するサイドステップで、ふくらはぎや太ももの筋肉をきたえられるぞ。リズミカルにすばやく動くことを意識して、スムーズなサイドステップを身につけよう！

▶ 効果のあるところ

太もも　おしり　ふくらはぎ

▶ 回数：左右交互に5回ずつ　　**▶ 道具：ペットボトル（500㎖）2本**

タッチ。

1 2本のペットボトルを自分の身長ぐらいはなしておく。足は肩はばより少し広く開いて、右側のペットボトルの横に立ち、右手でタッチする

トレーニング中は、呼吸を止めずにやってね！

ポイント 右足に体重をのせるぞ！

2 サイドステップ1回で左に移動する

サッ

ポイント 背中を丸めないように意識しよう！

タッチ

③ **左側のペットボトルに左手でタッチする**

ポイント

しっかり腰をおとしてタッチしてね！

ピタッ

ポイント

タッチするときは、かかともしっかり床につけて、左足に体重をのせよう！

④ **サイドステップ1回で右に移動し、右側のペットボトルに右手でタッチする。②〜④の動きをあと4回くり返す**

タッチ

ピタッ

<<<

サッ ←

なれてきたらスピードアップしてやってみよう

ペットボトルホッピングタッチ！でモタモタ団員2をやっつけた。

2TPをゲット！

ペットボトル ジャンピングタッチ

ペットボトルホッピングタッチ（→20ページ）のときよりも、床をしっかりけって横にジャンプしてみよう。片足で着地して、その足でジャンプするトレーニングだ！

▶ 効果のあるところ

太もも　おしり　足関節　ふくらはぎ

▶ 回数：左右交互に**5回**ずつ　▶ 道具：ペットボトル（500㎖）2本

① 2本のペットボトルを自分の身長ぐらいはなしておく。足は肩はばより少し広く開いて右側のペットボトルの横に立ち、右手でタッチする

≫≫

② 左に大きく1歩ジャンプする

ピョン →

④ 右に大きく1歩ジャンプし、右足で着地すると同時に、右側のペットボトルに右手でタッチする。②〜④の動きをあと4回くり返す

③ 左足で着地すると同時に、左側のペットボトルに左手でタッチする

ピタッ

≪ ピョン

≪≪

ピタッ

ポイント
着地したほうと逆の足はうかしておくよ！

ポイント
着地するときに腰をおとし、床をしっかりふみしめることを意識しよう！

ペットボトルジャンピングタッチ！でモタモタ団員3をやっつけた。

ほっ　ほっ

タッチ　タッチ

2 TPをゲット！

クッションマッスルツイスト

スポーツをしているときに正しい姿勢をたもつために、わき腹やお腹の筋肉をきたえよう。両足をうかせた不安定な体勢をたもちながら、左右にしっかり体をひねろう！

▶ 効果のあるところ

お腹　わき腹

▶ 回数：左右交互に5回ずつ　　▶ 道具：クッション

1 体育ずわりの体勢になり、胸の前でクッションを両手でもち、両足を少しうかす

トレーニング中は、呼吸を止めずにやってね！

2

「1、2」のリズムでクッションを右、左に動かしながら、体をひねる

足を床につけちゃえよ～

ポイント
顔はできるだけ正面にむけよう！

1！

2！

できるだけ体をひねって**2**の動きを5回くり返そう

ポイント
お腹に力を入れて、たおしている体の角度をかえないようにしよう！

クッションマッスルツイスト！でモタモタ団員4をやっつけた。

モタモタ団がやられてしまうとは…

2TPをゲット！

23

おしえて

体幹マン！ あそびの動きと体幹トレーニングのひみつ

この巻で紹介するペア体幹トレに、インアウトジャンプ（→31ページ）、
アジリティステップ（→32ページ）などがあるよ。これらには、かつて子どもたちが
友だちといっしょにあそんでいた「ゴムとび」の動作をとり入れているんだ。
なぜあそびの動作をトレーニングにとり入れているのかおしえてあげよう！

❶ 外あそびで体を動かすトレーニングをしていた！

　むかしの子どもたちは、自由にあそべる広場や原っぱがたくさんあって、外であそぶことが多かった。走ったり、投げたり、ジャンプしたり、よじのぼったり、しぜんと体を動かすトレーニングをしていたんだ。

　今は家の中であそぶことが多くなってしまっていることもあって、外で体を動かすことが少なくなっている。だから、運動するときの基本となる動作（歩く・走る・とぶ・のぼる・ぶら下がるなど）の能力を、意識してきたえなければならなくなったんだ。

❷ 基本となる動作の能力を高めて「スポーツでキラッ！」

　スポーツ選手のキレのある動き、すばやい反応ってかっこいいよね。

　この本のタイトルどおり、「スポーツでキラッ！」とかがやくことを目標において、体幹トレーニング以外にも、休み時間や放課後に外あそびをして、基本となる動作の能力を高めよう。友だちをさそって、外で体を使ってあそんでみよう！

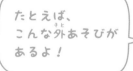

たとえば、こんな外あそびがあるよ！

ビョ〜〜ン

なわとび

ゴムとび

ボール投げ

2章 ペア体幹トレ

スポーツで役に立つアジリティを高める体幹トレーニングの中から、家族や友だちといっしょに行うトレーニング7個にチャレンジしよう!

1. これだけきたえたら、モタモタンをやっつけるのも楽勝だよなあ

あれ? なんか暗くない!?

あ!あれは…!

2. オレはメガ・モタモタンさまだ!覚悟しろ!

ズンッ

ムフー

ひえええええ〜!?すごい大きくなっているんだけど!!

3. ドスンッ ドスンッ

どうするの!?体幹マン!

あんな大きいのに勝てるわけないじゃん!!

おちついて!ふたりでトレーニングをして、もっと体幹をきたえよう!

4. ペアで行う「投げる」「ジャンプする」などの体幹トレーニングで、メガ・モタモタンをやっつけよう!

うん!

▶ チェストアローパス

下半身の力を、投げる力にうまく伝えるトレーニングだ。
床をしっかりふみしめないと、下半身に力は生まれないぞ。
かがんで立ち上がる動作はすばやく行おう。

▶ 効果のあるところ

胸
太もも
お腹

▶ 回数：交互に**5**回ずつ ｜ ▶ 道具：クッション

1

ふたりがむかいあわせに
立ち、ひとりが胸の前で
クッションを両手でもつ

ポイント
2ｍぐらい
はなれて立とう！

ポイント
肩はばぐらいに
足を開いて
おこう！

2

クッションをもった人は
深めのパワーポジション
（→9ページ）の体勢になる

ポイント
背すじは
のばしたままだぞ！

パス

③

ひざをのばしながら、
胸からクッションを
押し出すように
パスする

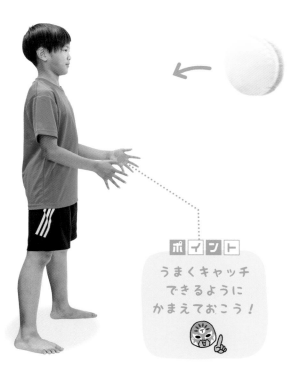

ポイント

うまくキャッチ
できるように
かまえておこう！

ポイント

ひざをのばすいきおいを
腕に伝えて投げよう！

ボールあそびかよ

キャッチ

④

キャッチした人は、
パワーポジションの
体勢になり、
同じようにパスする

なれたらもっとはなれて
やってみよう！

おわったら、
②〜④の動きを
あと4回くり返そう！

チェストアローパス！で
メガ・モタモタンにアタック！

メガ・モタモタンに
ダメージをあたえた。

トレーニングポイント
2TPをゲット！

27

ペア体幹トレ❷

▶ レインボー バックスロー

パワーポジション（→9ページ）の体勢から虹（レインボー）をえがくように後ろにクッションを投げてみよう。どのぐらいの力で投げればよいか、ためしながらやってみよう。

▶ 効果のあるところ

肩　背中　おしり

| ▶ 回数：交互に **5**回ずつ | ▶ 道具：クッション |

①
クッションを
両手でもち、
パワーポジションの
体勢になった人の後ろに、
もうひとりが立つ

ポイント
2㍍ぐらい
はなれて立とう

ポイント
ひざをのばすいきおいを
腕に伝えて投げよう！

②
ひじをのばして、
頭の上を通るように
クッションを投げる

③-1
クッションをキャッチ
する。キャッチした
人は、後ろをむき
同じように投げる

③-2
投げた人は反対側に
体をむけてキャッチする

レインボーバックスロー！で
メガ・モタモタンにアタック！

メガ・モタモタンに
ダメージをあたえた。

2TPをゲット！

おわったら同じ動きを
あと4回くり返すよ！

28

▶ 片足トンネルスロー

片足立ちの不安定な体勢から、相手がキャッチしやすいようにクッションを投げよう。スポーツをするときに役立つバランス能力やアジリティがアップするぞ。

▶ **効果のあるところ**

肩
太もも
お腹

▶ 回数：交互に**5**回ずつ ┆ ▶ 道具：クッション

 1 ひとりがクッションをもち、1.5mぐらいはなれて、もうひとりが立つ

2 クッションを右手にもち、左足を上げる

ポイント
足を高く上げてクッションが引っかからないようにしよう

3 左足の下からクッションを投げる

4-1 クッションをキャッチする。キャッチした人は同じように投げる

4-2 投げた人は足を下ろし、キャッチする

おわったら同じ動きをあと4回くり返すよ！

片足トンネルスロー！でメガ・モタモタンにアタック！
メガ・モタモタンがひるんでいる。

2TPをゲット！

▶ タオルつな引き

タオルを使ってつな引きの動きをしよう。スポーツをするときに大切な背中と太ももの筋肉をきたえることができるぞ。ふたりで力をかげんしながら、トレーニングしよう！

▶ 効果のあるところ

背中
お腹
太もも

▶ 回数：交互に**5**回ずつ　　▶ 道具：タオル

1 右足を前に出して相手とななめにむかいあう。足を肩はばより広く開いて少し腰をおとし、タオルを両手でもつ

ポイント
おたがいを見よう

ポイント
引っぱるときはわきをしめよう

1

2 「1、2」のリズムで5回ずつ交互にタオルを引っぱりあう

2

おわったら手足をかえて同じ動きをしよう

むきになって引っぱりあうと、体幹トレーニングにならないぞ！引っぱられるほうは、少し力をゆるめてあげよう！

タオルつな引き！でメガ・モタモタンにアタック！

メガ・モタモタンが小さくなった。

2TPをゲット！

▶ インアウトジャンプ

すばやくジャンプをくり返すためには、ふくらはぎや
太もも、お腹の筋肉が大切だ。インアウトジャンプで
バランス能力とアジリティを高めよう。

▶ **効果のあるところ**

太もも　お腹
足関節　ふくらはぎ

▶ 回数：交代で **5**回ずつ

① 肩はばぐらいに足を開いてすわった人の
両足のあいだに、もうひとりが立つ

トレーニング中は
呼吸を止めずに
やってね！

ピョン↑

② 立っている人はジャンプして、
すわっている人の両足の外側に
足を開いて着地する

ふまないように、
はじめはゆっくり
やろう！

③
もう一度ジャンプして、
すわっている人の
両足のあいだに
足を閉じて着地する。
②～③の動きを
あと**4**回くり返す

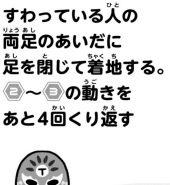

おわったら、
入れかわって
同じ動きをしよう！

インアウトジャンプ！で
メガ・モタモタンにアタック！
メガ・モタモタンが
おびえている。

2TPをゲット！

31

▶ アジリティステップ

太ももの上げ下げをすばやく行いながら、相手の足をまたぐトレーニングだよ。こきざみなステップを正確にリズムよく行い、体幹をきたえよう！

▶ **効果のあるところ**

太もも　お腹　足関節　ふくらはぎ

▶ 回数：交代で **5**回ずつ

1 肩はばぐらいに足を開いてすわった人の両足のあいだに、もうひとりが立つ

トレーニング中は呼吸を止めずにやってね！

すばやくステップしよう！足をふまないように気をつけてね！

2 立っている人は右足を上げて、すわっている人の左足の外側に下ろすと同時に、左足を上げる

3 上げた左足を、すわっている人の両足のあいだに下ろすと同時に、右足を上げる

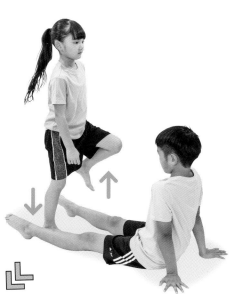

4 上げた右足を、
すわっている人の両足の
あいだに下ろすと同時に、
左足を上げる

5 上げた左足を、すわっている人の
右足の外側に下ろすと同時に、
右足を上げる

モタモタしろ～

6 上げた右足を、すわっている人の
両足のあいだに下ろすと同時に、
左足を上げる

おわったら、
入れかわって
同じ動きをしよう！

7 上げた左足を、すわっている人の
両足のあいだに下ろすと同時に、右足を上げて
2 にもどる。同じ動きをあと4回くり返す

アジリティステップ！で
メガ・モタモタンにアタック！

メガ・モタモタンが
ちぢんでいく。

2 TPをゲット！

ペア体幹トレ7

▶ ジョイントスクワット

ペアでスクワットをして、体幹をきたえよう。力の入れかげんや器用さも大切になってくるぞ。少し後ろに体重をかけながら、ふたりのタイミングをあわせてリズミカルに行おう。

▶ 効果のあるところ

肩　胸　お腹　太もも　わき腹

▶ 回数：左右交互に **5**回ずつ

1 おたがいに右手首を組んで立つ。少し体重を後ろにかけて、左腕を後ろにのばす

ポイント
おたがいの手首をしっかりとにぎるぞ！

ポイント
肩はばより少し広めに足を開こう！

体の大きい人がバランスをとりながら行おう！

2 左腕をしっかりのばしたまま上半身を左へひねりながら、腰をおとす

パッ　パッ

ポイント
大きく胸を開こう！

ポイント
腰をおとしたとき、背骨が床にたいしてほぼまっすぐか少し後ろにたおそう！

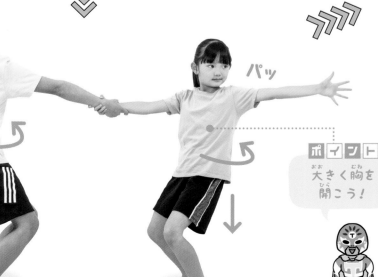

34

③ ①の体勢にもどりながら、すばやく左手首に組みかえ、右腕を後ろにのばす

ポイント
体重は少し後ろにかけるぞ

パッ

パッ

④ 右腕をしっかりのばしたまま上半身を右へひねりながら、腰をおとす。①の体勢にもどって手を組みかえ、あと4回同じ動きをくり返す

なれてきたらリズミカルに、①〜④の動きをくり返そう！

ジョイントスクワット！ 会心の一撃！

メガ・モタモタンをやっつけた。「すばやく反応できる体幹」を手に入れた。

STPをゲット！

▶スタティックストレッチ

スタティックストレッチには、筋肉をゆっくりとのばしてその状態をたもつことで、運動してこわばってしまった筋肉をほぐす効果があるんだ。筋肉をこわばったままにすると、つかれがとれにくくなるから、体幹トレーニングのあとはしっかりとほぐそう！

▶マウンテンポーズ（10秒を3回）

ストレッチ中は、呼吸を止めずにやってね！

1 四つんばいの体勢になる

2 おしりを後ろに引き上げながらひざをのばす

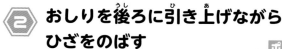

ポイント
かかとはできるだけ床につけよう！

ハムストリングスやふくらはぎ、おしり、背中の筋肉をのばすぞ！

▶ツイストロールポーズ（左右各30秒）

1 四つんばいの体勢から、右手を左手の内側にさしこんで、耳を床につける

ピン↑

2 左手を天井にむけてのばし、体をねじる

わき腹と胸の筋肉をほぐそう

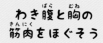
ポイント
ねじった方向に胸をしっかりとむけてね！

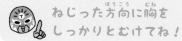

ペタッ！

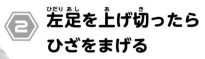

1 四つんばいの体勢から おしりを後ろに引き上げ ながらひざをのばす。 左足を天井にむけて 高く上げる

2 左足を上げ切ったら ひざをまげる

「マウンテンポーズ」と 同じ部分にくわえて、 ひざをまげることに よって、足の重さで わき腹ものばせるぞ！

□ トライアングルポーズ（10秒を3回）

1 ひざ立ちの体勢から、 両足のかかとまたは足首を つかみ、体を後ろにそらせる

体の前側の筋肉を 一度にのばすぞ

□ オープンバランスポーズ（10秒を3回）

ハムストリングスや 内ももの筋肉を のばせるぞ！

1 体育ずわりの体勢から 足を開き、両足のつま先を 手でもつ

2 つま先を手でもった まま、両足を上げて 左右に広げる

トレーニングを組み立ててみよう！

全力体幹チャレンジ！

トレーニングを一度すれば、体幹がきたえられるというわけではないぞ！　正しい動きを正確につづけることが大切なんだ。

また、ひとりひとりがもっている筋力にあわせて、無理なくトレーニングを行うことも大切だよ。

「きみの今の体幹をチェック！」（→10ページ）で体幹見習いだったら初級から、体幹チャレンジャーは中級から、体幹マスターは上級にチャレンジしてみよう！

ガーン

ぐ～！
このトレーニングを
つづけられたら、
なかなか
とりつけないぞ…

初級 チャレンジコース

ダイナミックストレッチ
ハンドロール（→6ページ）
ショルダーツイスト（→8ページ）

**スモウ
スクワット**
（→12ページ）

**スーパー
スケータームーブ**
（→14ページ）

**ペットボトル
ホッピングタッチ**
（→20ページ）

**チェスト
アローパス**
（→26ページ）

スタティックストレッチ
マウンテンポーズ（→36ページ）
ツイストロールポーズ（→36ページ）

中級 (ちゅうきゅう) チャレンジコース

ダイナミックストレッチ
ショルダーロール（→7ページ）
ヒップジョイントロール（→7ページ）
ショルダーツイスト（→8ページ）

スプリント マーチ
（→13ページ）

バーピージャンプ
（→18ページ）

クッション マッスル ツイスト
（→23ページ）

レインボー バックスロー
（→28ページ）

タオルつな引き
（→30ページ）

スタティックストレッチ
マウンテンポーズ（→36ページ）
ハイタワーポーズ（→37ページ）
トライアングルポーズ（→37ページ）

上級 (じょうきゅう) チャレンジコース

ダイナミックストレッチ
アンクルロール（→6ページ）
ショルダーロール（→7ページ）
ヒップジョイントロール（→7ページ）
ショルダーツイスト（→8ページ）

ワールドグレイテスト ストレッチ（→16ページ）

ペットボトルホッピングタッチ（→20ページ）

ペットボトルジャンピング タッチ（→22ページ）

片足（かたあし）トンネルスロー
（→29ページ）

インアウトジャンプ
（→31ページ）

アジリティステップ
（→32ページ）

ジョイント スクワット（→34ページ）

スタティックストレッチ
マウンテンポーズ（→36ページ）
ハイタワーポーズ（→37ページ）
トライアングルポーズ（→37ページ）
オープンバランスポーズ（→37ページ）

[さくいん]

[監修] 澤木一貴（さわきかずたか）

株式会社SAWAKI GYM代表取締役／パーソナルトレーナー

整形外科トレーナーや専門学校の講師として延べ10,000人以上のトレーナーを指導。雑誌『Tarzan』など300冊以上の監修や、多数のトレーニング系書籍、DVDを監修。全国のフィットネスクラブ・ジム・一般企業・学校などで講演を行っている。講演会等のお問い合わせはinfo@sawakigym.comまで。

子ども体幹トレーニング
③スポーツでキラッ!

2022年3月4日　初版第1刷発行

監修　　　澤木一貴
発行者　　西村保彦
発光所　　鈴木出版株式会社
　　　　　〒101-0051　東京都千代田区神田神保町2-3-1
　　　　　岩波書店アネックスビル 5F
電話　　　03-6272-8001
ファックス 03-6272-8016
振替　　　00110-0-34090
ホームページ　http://www.suzuki-syuppan.co.jp/
印刷　　　株式会社ウイル・コーポレーション

©Suzuki Publishing Co., Ltd. 2022
ISBN978-4-7902-3389-3 C8075

Published by Suzuki Publishing Co., Ltd. Printed in Japan
NDC780/39p/30.3×21.6㎝

乱丁・落丁は送料小社負担でお取り替えいたします

撮影・動画編集
磯﨑威志（Focus & Graph
Studio Photographer）

撮影協力
一般社団法人日本こどもフィットネス協会

モデル
長橋奏星、栗島美瑚
（JKFA公認クラブFFK YOKOHAMA）

装丁・本文デザイン
株式会社参画社

イラスト
石井里果

校正
夢の本棚社

編集制作
株式会社童夢